Norma Dunning

AKIA
L'Autre Côté

Traduit par Hatouma Sako

BookLand
press

BookLand Press Inc.
15 Allstate Parkway, Suite 600
Markham (Ontario) L3R 5B4
www.booklandpress.com

Œuvre de la page couverture : Elvektorkita

Imprimé au Canada

Catalogage avant publication de Bibliothèque et Archives Canada

Titre: Akia : l'autre côté / Norma Dunning ; traduit par Hatouma Sako.
Autres titres: Akia. Français.
Noms: Dunning, Norma, auteur. | Sako, Hatouma, traducteur.
Description: Poèmes. | Traduction de : Akia : the other side.
Identifiants: Canadiana (livre imprimé) 20230589537 | Canadiana (livre numérique) 20230589545 | ISBN 9781772312195 (couverture souple) | ISBN 9781772312201 (EPUB)
Classification: LCC PS8607.U5539 A7514 2023 | CDD C811/.6 – dc23

Nous reconnaissons l'appui financier du gouvernement du Canada. Nous remercions le Conseil des arts du Canada de son soutien. L'an dernier, le Conseil a investi 153 millions de dollars pour mettre de l'art dans la vie des Canadiennes et des Canadiens de tout le pays. Nous remercions le Conseil des arts de l'Ontario (CAO), un organisme du gouvernement de l'Ontario, de son soutien.

AKIA

L'Autre Côté

*Ce recueil rend hommage aux Inuit du passé, aux
Inuit présents avec nous aujourd'hui et, surtout,
aux Inuit qui attendent de nous rejoindre.
Accueillons-les tous de bon coeur.*

Le cerveau de Kishu

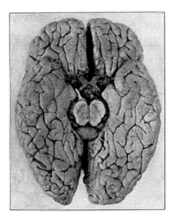

Qu'est-il arrivé au cerveau de Kishu?
Flotte-t-il encore dans le formol
Dans un bocal
Sur une étagère,
Couches sur couches de poussière
Qui l'enlacent comme le font les bras
protecteurs d'un amant
Qui le regarde maintenant?
Quelqu'un?
Encore?

La vieille photo en noir et blanc de lui et son fils Menee
Tout juste arrivés à Bellevue pour des soins médicaux
Photographiés se tenant debout côte à côte,
Père et Fils
Nus.
Nudité frontale complète.
Dévêtus et dévoilés
Aux urgences incapables de respirer et crachant du sang
Les corps inuit sont dépourvus de dignité
La TB s'était glissée dans leurs poumons
La seule maladie qui est arrivée après
le long voyage de la famille avec Robert
Bob? Le Lieutenant?
Ouais, ce gars-là.
Celui qui a presque atteint le pôle Nord
Sur le dos des guides inuit?
Oui, lui. Le même gars qui
S'est enfilé une petite fille esquimaude
Qu'il a photographiée nue, allongée sur les rochers
froids de l'Arctique

Son obsession,
Sa pédophilie exposée au grand jour
À cette époque, personne ne se souciait
de ce que fourrait un homme blanc
Même si elle avait moins de 14 ans
Les corps inuit sont dépourvus de dignité.

Rob était un héros, un aventurier,
un homme blanc éduqué
Il a amené Kishu et sa famille à rejoindre
le Zoo Humain,
Regardez ces Esquimaux
Mettre leur fourrures et saisir leurs lances
Ils grognent et grondent pour la foule venue
Les regarder dans leur cage, confirmant leurs soupçons
Que
Les Inuit ne sont que des animaux
Les corps inuit sont dépourvus de dignité.

Sous-Hommes
Sous-Développés
Hommes des cavernes sauvages et bestiaux
Non pas une famille qui a été attirée par l'argent blanc
Et la perspective d'avoir des ventres pleins
pendant un hiver
Sans blizzard parsemé de stalactites
Et les crampes de faim dans un estomac vide
Ils sont allés au Sud après avoir été appâtés et accrochés
Pour être mis en exposition pendant un hiver
Je me demande quel était le montant
de la prime du gardien de Zoo?
Pour Attraper et Garder
Et non Attraper et Relâcher
Une famille esquimaude vivante?
Les débuts de la traite des êtres humains
pour la science
Les corps inuit sont dépourvus de dignité

Le rapport écrit par Hrdlička
intitulé « Un Cerveau Equimau »[1]
Remercie l'auteur de l'autopsie de Kishu
Le remercie cinq ans plus tard
Après que des morceaux
Du corps de Kishu ont été mis au vinaigre
Et préservés pendant près de 2 000 jours et nuits
La chair flottant dans des bocaux en verre
Un Esquimau conservé pour plus
de tranchage et découpage en dés
Par un scientifique de l'infâme
Le scalpel de sa main ferme ramène Kishu à la vie
170 lbs, 1.64 m de hauteur, musclé « et
À tous égards
Normalement développé » écrit Aleš,
« Kishu était le chef de sa tribu »
Les Inuit n'ont jamais eu de « chefs »
Les Inuit avaient un leadership partagé
Le consensus,
Aajiiqatigiinniq.

---

[1] *"An Eskimo Brain" consulté sur: https://anthrosource.onlineli-brary.wiley.com/doi/pdf/10.1525/aa.1901.3.3.02a00050*

Les mœurs inuit sont dépourvues de dignité.
Kishu a vécu une vie sans
Coiffe en plumes
ses cheveux n'ont jamais été nattés en une tresse unique
Aucun mocassin en peau d'orignal
tannée n'a touché ses orteils
Et pourtant, dans sa mort,
il est déclaré Chef d'une tribu
Une tribu de quoi?
Les traditions inuit sont tartinées de beurre indien
Les peaux brunes se fondent dans le beige
Aleš écrit : « Kishu n'était pas racialement distinct »
Les Indiens et les Esquimaux sont jumeaux siamois
Images en miroir de nobles mais
néanmoins inférieurs sauvages
Hrdlička compare les cerveaux
des singes à celui de Kishu
Il fait allusion aux différences entre
La matière grise des Blancs et celle des Peaux Tannées

La déception règne dans ses découvertes
Les cerveaux esquimaux, en se basant sur celui de Kishu,
sont sur un pied d'égalité
sont Humains
Développés et sains
Le scientifique fait une dernière plaidoirie surprenante :
« Les différences marquées des spécimens décrits [...]
dans cet article avec ceux des blancs, ainsi qu'entre ceux
esquimaux, rend très désirable une future acquisition
d'autres cerveaux esquimaux. »
Il propose timidement un abattage d'Eskimo
Les cerveaux inuit sont devenus « très désirables »
Il n'en revient pas de ses propres découvertes
Apportez-lui plus de cerveaux inuit
Kishu est un coup de chance,
un coup de chance malchanceux
Les corps inuit sont pourvus de dignité.

L'Hystérie Arctique Pibloktoq

C'est ce qu'a fait la femme de Bob, elle a écrit sur
Les femmes inuit comme s'il s'agissait de chiennes
A parlé des putes avec lesquelles son vieil homme
Adorait coucher
Elle était blanche et savait que son vieil homme
Le Commandant
La trompait
Fourrait les femmes aux yeux sombres
qui aimaient « ça »
Aimaient sentir la force d'un homme
Forer, vriller, creuser un trou profond de plaisir
En elles
Aimaient l'odeur de sa sueur mêlée au sperme
Aimait son goût et
Sa peau moite après une longue lutte
Qui les satisfaisait tous deux

C'est ce que Josephine a vu,
Vu dans sa tête
Chaque nuit de chaque année
Parce que, jamais, ne serait-ce qu'une seule fois,
il ne la rejoignait
Jamais il ne lui a procuré du plaisir ou l'a fait gémir
Jamais une seule fois
Une femme instruite comme elle, mariée à un micheton
Mariée à un homme qui se donnait volontiers
À des imbéciles, des femmes sans grâce
Des femmes qui ne se savaient ni lire ni écrire
Ni penser au-delà de leur petit nez parfait
Elle prit le large avec Bob
Elle fit quatre longs voyages pour l'observer
Se tordre à l'intérieur de lui-même
Sa nervosité lui procurait plaisir
Sa politesse stricte la faisait sourire
Le regarder jouer le mari parfait
Un miroir grossissant de l'obéissance
Lui procurait l'orgasme qu'elle attendait
depuis si longtemps

Elle l'a regardé regarder ces femmes esquimaudes
Ces sales salopes qui riaient
Trop
Trop longtemps
Lui jetaient un coup d'œil furtif puis
Baissaient la tête pour sourire au sol de la toundra
Elle les haïssait
Haïssait leur curieux bonheur
Haïssait la façon dont elles détournaient
toujours le regard
Ne permettant jamais un
Reflet d'elle dans leurs sombres yeux bridés
Femmes stupides,
Banales Simplettes
Des mots de dégoût
Se déversaient et éclaboussaient
ses journaux chaque soir
Des tâches d'encre maculaient leur ignorance
Leurs moments d'hystérie imbécile
Courant tout en se déshabillant
Des femmes sans honte

Ils appelaient ça Pibloktuq
L'Hystérie Arctique
Une démonstration délirante des non-civilisés
Qui ne cachaient rien,
Aucune honte dans la nudité
Elle regardait avec un désir lubrique
Leur liberté de crier et d'ôter tous leurs vêtements
Puis de s'écrouler sur le sol, des charades catatoniques
d'hystérie se déballant de la fourrure de renard blanc
L'épouse s'adressa à Bob et exigea
De la retenue!
Attachez-la! Encamisolez cette salope!
Le commandant fit ce qu'on lui a ordonné
Il l'enveloppa dans une voile de son navire
L'attacha et la suspendit à cinq pieds
du plancher du navire
Une démonstration de sa profonde dévotion

La photo montre des hommes blancs
Allumant leurs pipes avec des flammes
chaudes de fou rire
Regardant la Momie Arctique
Enveloppée dans sa peur,
Aimant leur pouvoir sur son corps
Leur pouvoir sur son esprit
Leur force de contrôle blanche
Qui suspendait son corps
comme une balançoire humaine
La femme du commandant rédigea un long essai
L'imprima
Les femmes inuit sont des idiotes
Les femmes inuit sont des animaux
En besoin de domestication
En besoin de formation
En besoin de répression,
Compression, dépression coloniale

Des années plus tard,
sirotant son thé dans une tasse en porcelaine fine
Elle est assise
Elle admire avec suffisance la photo qui montre
L'Hystérie Arctique, Pibloktuq
Quelque chose qu'une femme blanche jalouse a inventé
Pour se venger de la jeune femme adultère
La Femme Inuit qui l'a enlevé
De son lit
Le pouvoir des mots blancs d'une femme
De Commandant.
Elle s'est vengée de chacune d'elles.

*Note de l'autrice: Pibloktuq ou l'Hystérie Arctique
pourrait être ce que nous appelons aujourd'hui les
troubles du stress post-traumatiques (TSPT). Les
femmes inuit étaient violées et détenues comme
esclaves sexuelles par un nombre important des
premiers explorateurs arctiques. Le Nord reste
parsemé des vestiges de leur ancien sperme, Bob
et tous les premiers explorateurs ont engendré
tellement de bébés, mais les femmes n'ont jamais
été amenées dans le sud, et leurs enfants ont été
rarement reconnus. Pibloktuq a disparu quand
les explorateurs sont retournés dans le Sud.*

Qu'est-ce qui ne va pas avec Chuck?

L'auteur de classiques, un orfèvre des mots
Un homme animé par le besoin insatiable
d'entrelacer les mots
ensemble, d'enchaîner sur les pages les histoires tout
droit sorties de sa tête
Le fléau de tout écrivain
C'est une maladie
Les heures passées seul.
Un mal solitaire.
Seul l'écrivain sait
À quel point il est motivé.
Chuck le savait. Il savait qu'il possédait ce don unique.
Le don des mots.

Les mots
Qui l'ont sorti de la pauvreté et des
ruelles sales pleines à craquer de prostituées,
au Royaume-Uni.
C'était un rebelle.
Il aimait s'asseoir sur les lèvres de la haute société
Et chier dans leurs gorges d'ivoire
Ses paroles à leur sujet étaient sans respect
Ses mots à leur sujet devinrent des mots courants
Les riches n'étaient plus
Les seuls qui recevaient la page imprimée
Il s'est assuré que tout le monde avait des articles à lire
L'argent s'accumulait dans ses poches
Tintait et cliquetait tout au long du chemin
Menant à la prochaine bouteille d'alcool
au prochain cigare
à la prochaine pute
Alors que sa femme restait à la maison
avec ses dix progénitures
Il y en avait tellement
Chuck n'avait pas la moindre idée de leurs prénoms

L'affliction de l'alcoolique.
Les noms et les visages deviennent un grand
Désordre d'humanité minuscule qui pleure
pour manger et des changements de couches
Il a dû se réfugier dans le confort des pubs
Il a dû maintenir une hygiène sexuelle
En baisant les putes qui savaient comment
Ne pas se faire mettre en cloque
Le sexe est comme un changement d'huile
Il écrivait, écrivait et détestait sa femme
Et tous ces fichus gamins, mais il
écrivait malgré tout. Malgré tout le chaos.
C'était sa vie à la maison.
Avec le temps, il prenait de la valeur. Il avait du succès.
Il commença à obtenir les faveurs des riches
Il se lia d'amitié avec eux. Rechercha leur compagnie
Et ils recherchèrent la sienne.

Surtout ce couple. Les Franklin.
Jane et John.
C'étaient des voyageurs. Des Aventuriers. Elle
Était celle qui avait de l'argent.
Elle était forte, coriace et n'a jamais porté
L'anneau de l'esclavage, une bague de mariage
Elle était ce que tout homme aspirait à devenir

Sortant de sa retraite
Pour un dernier essai
John quitta la ville
Il partit dans l'Arctique
Il s'en alla dans le froid
Sur la couche de glace, sans elle
Il n'est jamais revenu

Tout le monde a attendu encore et encore
Jane a rassemblé équipe après équipe pour le retrouver
Ils revinrent les mains vides
Ils revinrent sans nouvelles
Sans preuve
Elle était seule
Son Union Jack en soie brodé à la main déroulé à jamais
Chuck a saisi sa chance
Sa chance de monter à bord
Avec une femme de pouvoir et de prestige
Il écrivit
Sur les meurtriers Esquimaux
Païens
Sauvages
Il refusa de croire Rae
Non, l'équipage n'était pas cannibale
Seuls les Esquimaux avaient dîné de brochettes
de jarrets d'hommes blancs
Transperçant la chair avec les pointes
Amuse-gueules des navires Terror et Erebus

Il écrivit sur la cruauté des Esquimaux
Écrivit sur la cupidité des Esquimaux
Écrivit sur la colère des Esquimaux
Il a écrit des choses que nous n'avons jamais été
Un allié de Jane
Une Épouse Exemplaire
Qui a passé ses jours à honorer John
Chuck, dans toute son ivresse
Dans toute sa rage et son fétichisme
Pour les prostituées et les filles de 18 ans
Dans tous ses tremblements de délire
Il construisit un mur dans sa chambre
Pour maintenir sa femme à distance et
Imprimer les mots sur des pages et des pages
On a cru à sa folie

On l'a cru plus que les Inuit
Qui dirent à d'innombrables explorateurs
Que le Terror et l'Erebus
Étaient là-bas! Pointant du doigt
Là où les navires ont coulé alors qu'ils
Répétaient les récits de leurs ancêtres
Chuck a imprimé ses mots
Les Inuit disaient leurs mots dans les mémoires
De leurs enfants, la prochaine génération
On a cru Chuck

En septembre 2014, le HMS Erebus a été retrouvé; deux ans plus tard, le HMS Terror a été retrouvé dans la Baie de la Terreur, au Nunavut. Chacun des navires se situait dans une zone que les Inuit avaient identifiée grâce au Savoir Inuit – Les histoires sur les explorateurs blancs avaient été transmis pendant des dizaines d'années par des Aînés inuit. Cela n'a pris au monde que Cent Soixante Neuf années pour nous croire.

Le système canadien
d'identification des Esquimaux

Vous connaissiez le système
E d'identification numérique
Le système que vous avez gardé secret
Mais tranquillement tissé en colonnes
Sur une page, un registre d'identifiants numériques
Remplaçant l'humanité
Par le strict minimum de l'humilité
Quand mon bébé est né
On m'a demandé: « Comment s'appelle-t-il? »
J'étais fière de dire: « Hikhik »
On m'a donné son ujamik à la place
Dit que son nom était Adam
Je l'ai porté,
Je l'ai mis au monde,
J'ai vu son premier souffle
Entendu son premier cri
Quand il n'y avait personne à proximité, j'ai chuchoté
Hikhik dans son oreille gauche

Le nom de mon ataatatsiaq
Un bon chasseur
Un homme calme
Avec des yeux doux et une voix
douce comme une peau de phoque
L'homme qui m'apportait la paix
Qui me réconfortait
Qui me gardait en sécurité
Qui m'appelait Irngutaq
Grand-père est parti avant l'arrivée d'Hikhik
J'ai eu le petit suivant
J'étais fière d'être liée à la tradition
Honorée de ne pas laisser Grand-père
Errer dans le monde des esprits sans
Une ancre

J'ai élevé Hikhik
Je lui ai appris à distinguer le bien du mal
Je lui ai donné de la confiance
À l'école, on l'appelait E1-537
Je m'en offusque
Toi, je t'en veux
L'homme qui a dit
« que les Esquimaux rentreront dans le rang »
Déverse et crache le
Numéro qui nous donne à manger
Nous donne le souffle, nous rend moins qu'humains
Tu es une araignée
Une araignée appelée Subreptice
Qui a tissé, filé et
Délicatement créé les
Mensonges en dentelle attachées dans
Les toiles tortueuses du colonialisme

Un piège qui emprisonne chacun d'entre nous
À un moment ou un autre, pendant que Subreptice
Sourit sournoisement et attend
Sachant que le temps viendra
Pour la vérité
Pour la réalité
Pour la certitude
De vomir nos tripes
Les vaisseaux sanguins éclatent
À l'intérieur de nous
Attendant que Subpretice
Fasse sortir la vérité de nous
L'homme du service militaire
L'homme de rapports
Et d'archives, dont la plus grande
Inquiétude était de savoir s'il fallait ou non
Mettre un buffle sur le disque?

Toi et tes hommes
Conspirateurs coloniaux
Dans la vie clandestine du Pouvoir
Tout ce que j'ai toujours voulu, c'est
Que mon fils porte le nom
De son Grand-père
Un homme d'une dignité tranquille
Ma colère me fatigue
La toile de l'expansion
Un feuilleton confus
Qui explique les vies des contrôleurs
Ce sont de fiers et heureux hommes
Ils ont fait rentrer les Esquimaux dans le rang
Ils ont fait de nous des numéros
Effacé nos sourires
Effacé nos visages
Effacé nos ancêtres

Ils pensaient qu'ils étaient des vainqueurs dans
La bataille qui a eu lieu
Sur la toundra vide
Où une Aînée inuit
Creusait dans la glace, effrayée
D'aller en prison parce qu'elle avait perdu son collier
Comme toutes les Mamans inuit
J'ai pris ta petite main
Un jour et je t'ai demandé de jouer
Un jeu de mémorisation
Je t'ai dit que c'était important
Pas pour nous mais pour eux
Les hommes blancs qui ne pouvaient pas prononcer
Nos noms et avaient besoin de notre aide

Des survivants de l'âge de pierre

FAMILLE ESQUIMAUDE. MAGAZINE LIFE.
27 FÉVRIER 1956.
Survivants de l'âge de pierre

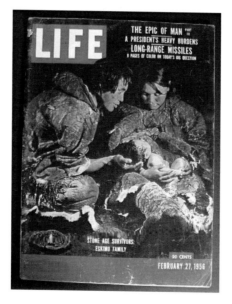

Tel que défini par le Merriam-Webster :

Âge de pierre : primitif, dépassé ou non sophistiqué (en ce qui concerne les idées ou la technologie) selon les normes actuellement acceptées.

Mots liés à l'âge de pierre : obsolescent, mis au rebut, désaffecté, inopérant, inutilisable, inapplicable, inutile, mort, défunt, périmé, éteint, disparu.

Quand j'étais enfant, j'aimais le magazine Life
J'aimais les belles photos
J'aimais penser qu'il s'agissait d'un magazine
d'importance
J'aimais penser que
Si vous étiez dans Life – vous aviez la Vie
Un jour, je suis tombée sur cette couverture
La crèche des Inuit
Imellie et Joesphee
Et leur presque nouveau-né
J'étais consternée par Life
J'étais outrée par Life
Nous appeler les « Survivants de l'Âge de Pierre »
Des gens arriérés, des gens sans intelligence
Des gens sans Grâce, sans Espoir ou sans Brillance
En 1956

L'année où John Diefenbaker est devenu chef
L'année où Elvis a enchaîné les tubes
L'année où un avion s'est écrasé sur un couvent
des Sœurs Grises
Et les Canadiens de Montréal ont remporté
leur 8ème coupe Stanley
Suivi de la 3ème Coupe Grey
des Footballeurs d'Edmonton
Pendant que le reste du Canada se débattait avec
Leur indulgence pour le sport et le chant
Et râlaient sur les libéraux et les conservateurs
Fulminant, délirant, et buvant
Des bières Pilsner, insultant les arbitres
et les juges de ligne
Les Inuit étaient utilisés comme
des munitions humaines
On nous alignait le long des rives de la Baie d'Hudson
Pour montrer aux Russes à quoi ressemblait vraiment
la souveraineté, les Inuit étaient les preuves
Vivantes de la possession du Canada

Du Grand Nord si fort
Si libre – sans nourriture
Sans soins médicaux
Sans éducation adéquate
Sans logements qui protégeaient nos corps
des vents glaciaux
En 1956, Life a pris sur lui
De publier une scène de Noël
Que l'on affiche normalement sur une carte de noël
Et envoie à la famille et aux amis
Life a montré au monde que nous étions encore
Ceux d'autrefois
Ceux avec les cheveux sales
Ceux qui n'avaient pas d'électricité
Ceux qui portaient encore les peaux
Des animaux qu'ils ont tués et mangés

La couverture de Life a rembourré la preuve
De la suprématie Blanche
De la supériorité des Blancs
De l'avancement des Blancs
La progression évolutionniste
Life déclare que les Inuit
Sont des hommes du Mésolithique modernes
Que nous nous gavons de nourriture aujourd'hui
Et mourons de faim le lendemain
Nous sommes datés de 9600 av. J.-C. en 1956
Il y a des moments où je déteste
complètement le Canada
Déteste complètement le manque de soins médicaux
Cela n'a jamais été étendu aux Inuit
Je hais la manière dont le racisme est passé sous silence
Alors qu'il danse sous nos yeux jour après jour

Aujourd'hui, des années plus tard
Quand je regarde la couverture de Life
En 1956
Je vois l'émerveillement
Qu'un nouveau-né apporte à ses parents
Je vois la douceur et la beauté
D'une mère et d'un père
Et que leur amour n'est pas
Quelque chose à contrôler
C'est l'émerveillement de la Vie
C'est la beauté d'être Inuit
C'est la libre expression de
La gratitude, un rappel
De ce que nous devrions tous être
De la façon dont nous devrions tous voir les Inuit
Des gens d'une tendresse perpétuelle
Des gens de rires perpétuels
Des gens de partage perpétuel
Des gens de parenté perpétuelle
Gardiens de la Bonne Vie

Edmonton laisse finalement tomber les Eskimos

La franchise de la Ligue canadienne de football d'Edmonton est la plus récente équipe à abandonner son nom raciste. LA PRESSE CANADIENNE/Darryl Dyck, juillet 2020.

C'est une bonne journée à Edmonton. C'est une bonne journée au Canada. C'est une bonne journée pour les Inuit.

Après toutes les années que d'autres Inuit canadiens et moi-même avons passées à nous plaindre du nom de l'équipe d'Edmonton dans la Ligue canadienne de football, il est heureux d'apprendre que la franchise a finalement pris la décision de renoncer au nom « Eskimos ».

Il en a fallu du temps, et c'est enfin arrivé.

J'ai critiqué ouvertement le refus d'Edmonton de renommer son équipe de la LCF. En tant qu'écrivaine et chercheuse inuit, c'était une cause qui me tenait personnellement à cœur.

Ma cause réside dans les noms de Joel, Isaac, Ellie, Mack et Aurora — mes petits-enfants, qui, je l'espère, n'auront jamais à faire l'expérience du mot en E. Ils sont brillants, de merveilleux enfants qui méritent de grandir dans un monde où des termes racistes ne les nuisent pas.

Des années de campagne

Après des années de campagne pour un changement de nom, je n'étais pas confiante que l'équipe ferait ce qui est juste.

L'un des plus grands chroniqueurs sportifs du Canada a dit qu'il serait « insensé » de faire le changement maintenant, compte tenu des coûts associés au changement de marque de l'équipe. J'ai entendu des DJ sur une station de radio locale se lamenter : ils n'avaient pas besoin qu'une fois de plus, une autre équipe de sport change son nom.

À travers tout cela, je me suis demandé pourquoi ils n'avaient jamais entendu ce que les Inuit disaient d'un terme que nous considérons comme raciste. En tant que personne qui a critiqué publiquement l'équipe pendant des années, on m'a traitée de S***E et de C***E, entre autres choses. À ceux qui ont rempli ma page Facebook de mots horribles et des pires insultes, tout ce que je peux dire est, encore une fois, honte à vous.

Il est tragique de savoir qu'en 2020, il y a encore tant de personnes qui n'entendront pas le point de vue autochtone sur ce problème ou qui soupireront et diront qu'ils en ont marre des changements constants et du fait que tout le monde a une cause à défendre.

Le chef de la CVR a appelé au changement

Le sénateur Murray Sinclair a laissé entendre qu'un changement de nom était nécessaire depuis qu'il a lancé les appels à l'action de la Commission de vérité et réconciliation en 2015. La Commission a énuméré plusieurs façons dont le sport pourrait mener à la réconciliation, y compris par la promotion d'une sensibilisation à la lutte contre le racisme dans le sport. Cela n'a pris que cinq ans avant qu'Edmonton les prenne en considération.

En tant que défenseuse d'un changement de nom, il est troublant de s'apercevoir que le grand public ne comprend pas le mal créé par l'utilisation du mot en E. Ils veulent rester fidèles à un nom d'équipe plutôt que de tenir compte des opinions et des sentiments des Inuits, le plus petit groupe autochtone canadien qui affiche le plus grand nombre de disparités.

Ignorer ces sentiments suggère qu'il n'y a pas de mal à ce que les Inuit canadiens vivent dans la pauvreté, qu'il persiste une insécurité alimentaire dans le Nord canadien en raison du seul prix de la nourriture et que la plupart des parents inuit mangent une seule fois par jour, s'assurer que leurs enfants puissent manger trois fois. C'est bien que le suicide chez les adolescents et l'abus de drogues et d'alcool soient endémiques et que, malgré cela, il y a un manque de centres de traitement dans les communautés du nord.

Le mot évoque des stéréotypes

The Le débat sur le nom de l'équipe a également révélé que la plupart des Canadiens non autochtones ne veulent pas examiner leur propre racisme. Ils ne veulent pas penser à ce que le mot en E fait aux générations futures de jeunes inuit. Ils ne veulent pas penser à ce à quoi renvoie le mot en E - ce mignon petit gars dans un parka avec capuchon à fourrure, debout à côté d'un trou de respiration de phoque, un harpon à la main.

La plupart des Canadiens ne veulent pas penser à la façon dont ce mot en E enferme les Inuit canadiens dans un passé lointain, comme si nous n'étions pas un peuple progressiste qui se lève le matin et se rend au travail en tant que médecins, avocats, infirmières et enseignants et qui œuvre pour un bien meilleur avenir pour nos enfants et les générations futures qui viendront après nous.

Mais aujourd'hui, au terme d'une très longue et parfois blessante campagne, je tiens à remercier les parties prenantes et les commanditaires de l'équipe d'Edmonton pour leur bonne conscience et d'avoir agi en fonction de ce qu'ils estimaient être juste.

En fin de compte, tout ce qui m'importe, c'est que Joël, Isaac, Ellie, Mack et Aurora n'auront jamais à entendre ce mot. Ils sont mon cœur. Ils guident mon travail, et je parlerai toujours en leur nom et en celui de tous les enfants inuit. Ma'na. Merci.

Le mot en E

Le travail pour la justice sociale
est le travail le plus ingrat et le plus fatigant
Le travail physique nous permet
De voir que la fin de notre lourde tâche est proche
L'espace et le labeur physiques nous le montrent
Le travail pour la justice sociale
Est l'œuvre de ceux qui
Croient en la création d'un monde meilleur
Qu'il est possible de préparer un avenir
exempt de calomnies
Croient en l'équité et la droiture
Ce n'est pas une tâche facile
J'ai honte pour les gens
Qui ont perdu la boule à cause du changement de nom
J'ai pitié de ces gens
Qui ont fait étalage de leur racisme
avec bravade publique
J'ai ressenti de la honte pour ceux qui n'en ont pas

« Norma Dunning est une zélote »
Publie un journal du sud de l'Alberta
Peut-être suis-je une
Résistante des Romains
Ou une fan fanatique de
La théocratie juive
Je ne suis qu'une chercheuse d'équité
L'équité étant ma religion
Que j'ai vantée au sein de
La Bible de la Moralité
Pour sept ans de finales de la Coupe Grey
Un journaliste sportif national a consacré chronique
Après chronique à défendre l'innocence
Du mot en E, a écrit sur l'histoire de l'équipe
Et son investissement
Dans les produits dérivés de l'équipe
Sa rage ne peut pas être modéré
Il commence à écrire le mot
Ex-Skimo dans sa chronique
J'ai lu tous ses mots et j'ai souri
Les hommes blancs détestent vraiment perdre

La relation historique d'Edmonton Avec les Inuit

La relation historique d'Edmonton avec les Inuit en est une de mort, de solitude et de désespoir. L'équipe de la LCF d'Edmonton a finalement changé de nom après des années de protestation de supporteurs inuit et non-inuit qui se sont élevés contre son nom.

Avant que l'équipe change finalement son nom, ils ont affirmé dans un sondage en ligne que le nom avait été « choisi, à l'origine, il y a plus de 100 ans, en tant que reconnaissance, pour la persévérance et la résistance de la culture inuite ».

En fait, l'équipe tire son nom des journalistes sportifs de Calgary qui, dans les années 1890, se moquaient des équipes d'Edmonton en raison du froid et de la nordicité de leur ville. Plusieurs équipes sportives d'Edmonton ont alors repris ironiquement le nom. Mais j'avais connaissance de l'histoire d'une relation très différente entre Edmonton et les Inuit. L'un des plus forts et des plus tragiques liens entre mon peuple et la ville d'Edmonton en est un de mort, de solitude et de désespoir centré sur l'Hôpital Indien Charles Camsell. Des centaines d'Inuit se sont rendus à l'hôpital dans les années 40, 50 et 60 pour être traités contre la tuberculose. Beaucoup ne sont jamais retournés chez eux.

Une ville peut changer le nom de son équipe de football, mais elle ne pourra jamais changer l'histoire des vies perdues et démantelées dans un établissement médical. Lors d'une récente promenade dans ce quartier, au milieu de toutes les nouvelles constructions qui entourent la 128e rue et et la 115e avenue, se dresse toujours, imposant et austère, le vieux Camsell. De nouvelles fenêtres ont été placées dans la structure vieillissante, mais le réaménagement du bâtiment en copropriété a longtemps été retardé.

Quand je me suis tenue là et que je l'ai regardé à nouveau, je me suis demandé comment quiconque pourrait s'y installer. Comment quelqu'un pourrait-il penser à créer une vie tranquille dans un bâtiment chargé des restes d'un génocide médical ? Tout cela mêlé à la solitude et au chagrin que cela a causés? Comment quelqu'un le pourrait-il, dans un bâtiment qui a été le site de tant de décès d'Inuit. De larmes d'Inuit. De solitude d'Inuit. Je me tenais debout, là et j'ai pensé, quviahunngittunga, je suis triste.

J'ai pensé à tous les Inuit qui ne sont jamais rentrés chez eux. Qui n'ont jamais revu leurs parents sourire de nouveau. Jamais pu serrer une fois de plus dans leurs bras une sœur ou un frère. N'ont jamais pu se tenir devant un mari ou une femme encore une fois. Je pense aux Inuit qui étaient logés dans cet hôpital, en tant qu'Inuit qui étaient sans. Sans amour, sans confort et sans famille. Des éléments nécessaires à une véritable guérison. Je me tenais là et j'ai pensé au nombre d'esprits inuit qui erraient encore dans les couloirs du Camsell et continuaient à chercher ceux qui les aimaient le mieux. Une recherche spirituelle et de l'espérance pour un visage familier. Une éternité passée dans les limbes.

L'histoire officielle est que, lorsque les Inuit sont morts au Camsell, ils ont été enterrés au cimetière du pensionnat de St. Albert. Il y a un cairn au cimetière public de St. Albert qui commémore 98 Inuits qui ont été enterrés dans le cimetière dans des tombes anonymes. Trente-et-un d'entre ceux nommés sur le cairn étaient des enfants de moins de quatre ans. Certains ont leur âge indiqué par le terme « bébé » et pourraient avoir contracté la tuberculose de leur mère. Des noms sur une plaque, une représentation du colonisateur qui fait du rattrapage.

Pour une raison quelconque, le gouvernement de l'époque a cru qu'il n'était pas pratique d'établir des sanatoriums dans le nord pour que les Inuit guérissent chez eux, à la maison. La main coloniale pense qu'il sait ce qui est le mieux, plutôt que d'avoir des Inuit sous la garde de leurs proches, dans leurs propres communautés pleines d'amour familial. Aux yeux de notre passé et notre présent coloniaux, nous ne saurons jamais ce qui est le mieux pour nous. Comment le pourrions-nous?

Les Inuit du Canada continuent de contracter la tuberculose à un taux 290 fois plus élevé que tous les autres Canadiens. Selon un rapport du gouvernement du Canada de 2018, l'une des raisons est que « un logement peut être si bondé que certains dorment en alternance; trop souvent, ils peuvent être plus de 20 personnes à demeurer dans une maison ne comptant que quatre chambres à coucher. » Pour la population qui vit au sud du soixantième parallèle, l'idée de vivre avec 20 personnes ou plus, sous le même toit, est impensable. Dans le Sud, nous ne savons que rarement qui sont nos voisins.

Les Inuit du Canada ont toutes les statistiques que personne d'autre ne veut. Le taux de pauvreté le plus élevé et une insécurité alimentaire qui oblige de nombreux parents à ne manger qu'une fois par jour pour que leurs enfants puissent manger trois fois. Les niveaux les plus bas de complétion des études secondaires avec un taux de diplomation au secondaire de 35 % au Nunavut. La statistique la plus tragique est que les Inuit ont le taux de suicide le plus élevé chez les adolescents. Les générations futures qui s'éteignent elles-mêmes parce qu'elles ne peuvent pas voir un avenir radieux.

Pourtant, ici, à Edmonton, l'équipe de football locale a l'audace de dire que leur équipe portait un surnom en l'honneur de la robustesse des Inuit, tout en ignorant leurs conditions de vie réelles. Alors que l'équipe débitait cet argument préfabriqué de relations publiques, le lien réel entre la ville d'Edmonton et les Inuit était un hôpital qui a confiné des centaines d'Inuit qui n'ont jamais pu rentrer chez eux. L'ignorance totale du colonisateur continue de briller, du passé jusqu'à aujourd'hui.

Calvin Bruneau, chef de la bande Papaschase à Edmonton croit que le coin sud-est du Camsell est un cimetière et qu'il contient des tombes anonymes des Premières Nations, des Métis et des Inuit, morts alors qu'ils recevaient des soins du système médical colonial. Leurs noms n'ont jamais été rendus publics, et leurs corps n'ont jamais été retournés dans leurs communautés. Dub Architecture qui réaménage l'ancien hôpital en condos a dit qu'il n'y avait pas de preuve et a rassuré la ville d'Edmonton sur le fait que les travaux seront interrompus, « si ne serait-ce qu'un os était trouvé » pendant la construction. M. Bruneau a demandé aux gouvernements fédéral et provincial de payer pour des fouilles archéologiques afin de rechercher ces vestiges. Et avant que toute autre construction n'aille de l'avant, nous devons savoir s'il y a des restes d'enfants des Premières Nations, des Métis et des Inuits sur la propriété.

Les Edmontoniens devraient comprendre ce que les Inuit ont vécu entre les murs du Camsell. Le Premier Ministre Justin Trudeau a présenté des excuses aux Inuit, en 2019, pour la mauvaise gestion de l'épidémie de tuberculose entre les années 40 et 60. Il a dit : « Nous sommes désolés de vous avoir forcés à quitter vos familles, de ne pas vous avoir montrés le respect et l'attention que vous méritiez. Nous sommes désolés pour votre douleur. ... Le racisme et la discrimination auxquels les Inuit ont été confrontés, étaient, et seront toujours, inacceptables. »

Il est inacceptable que les Inuit aient été rassemblés comme des animaux et placés sur des navires qui les ont amenés dans le sud pour y être soignés d'une maladie qu'ils avaient contracté. Ou pas. Il n'est pas normal que l'hôpital Charles Camsell ait reçu un paiement complet du fédéral pour le traitement médical à long terme des Inuit et que, lorsque le traitement était terminé, ils aient été relâchés dans les rues de la ville d'Edmonton avec pour seul bagage les vêtements qu'ils avaient sur le dos, sans billet d'avion pour retourner chez eux.

Il est inacceptable que des enfants et des adultes inuit soient morts et aient été enterrés ici, dans des tombes anonymes, que leurs corps n'aient jamais été retournés à leurs proches. Il n'est pas normal que ceux qu'ils aimaient n'aient jamais été averti de leur mort ni de l'endroit où ils ont été enterrés, parce que faire le suivi de cadavres d'Inuit n'était tout simplement pas très important pour les autorités canadiennes.

Nous avons une idée de la solitude et de l'isolement qu'ont dû ressentir ces Inuit de l'hôpital Camsell maintenant que nous vivons en pleine pandémie de COVID-19. Les gens ont fait l'expérience de la quarantaine et de l'isolement qui l'accompagne. Imaginez maintenant faire cela à des milliers de kilomètres de chez vous, dans un environnement qui vous est totalement étranger, que vous n'avez jamais visité auparavant, avec vos soignants parlant une langue qui vous est étrangère.

Dans des moments plus heureux, j'aime imaginer un monde sans colonialisme. J'aime imaginer ce que cela aurait été de n'avoir aucune ingérence dans la vie des Inuit et d'avoir des Inuit à Edmonton par choix, non par force. Construisons ce monde.

Aanniavik (Hôpital)

Le petit matin où nous nous sommes promenés autour de lui, je ressentais une pesanteur. Un fort sentiment d'appréhension s'installait en moi. Mon cœur semblait être un rocher de 300 livres.

Il ne l'avait jamais vu auparavant, mais il avait effectué des recherches et était prêt à marcher. Il a vu un bâtiment en construction. J'ai vu de la douleur. Il a vu le remodelage de quelque chose d'ancien en quelque chose de nouveau. J'ai entendu des cris et j'ai regardé les larmes couler sur le stuc.

De l'équipement lourd tourbillonnait autour de nous comme des ballerines. Les violoncelles et les altos du Lac des cygnes jouaient dans ma tête. Des engins de terrassement mécaniques passaient devant nous. La puanteur de la vieille boue et de l'huile rancie se mêlaient en une tempête brunâtre. Je ne les ai pas entendus. J'ai entendu le tempo rubato. Je ne pouvais pas marcher d'un pas andante comme il le faisait.

J'avais déjà marché ici seule. Je revenais sur un terrain de chagrin. Pour moi, le retour à ce bâtiment vide était une élégie aux Inuits. Il ne pouvait pas voir ce que je ressentais.

Le temps est passé à déboulonner les statues de John A ou à lancer de la peinture rouge sur sa stature de bronze et de pierre. Nous parlons de décolonisation et de la façon d'apporter de la visibilité à l'histoire autochtone canadienne dans un pays qui n'est pas prêt pour cela. Chaque ville a des bâtiments qui contenaient des Inuit sous une forme ou une autre. Aanniavik, les hôpitaux sont censés être des lieux de guérison. Des lieux d'espoir, de retour à une bonne santé, à un esprit sain.

Il me regarde et me demande ce que je pense des condos en construction dans le bâtiment désaffecté. Il trouve les balcons spectaculaires. Je lui dis que je ne peux pas m'imaginer m'y asseoir. Ce que je ne dis pas, c'est que je peux imaginer des esprits inuit contempler une ville qui les a traités comme des déchets, des restes humains de corps de petits garçons et de petites filles enterrés dans le jardin est, attendant de rentrer chez eux et de jouer.

Il voit le progrès. Je vois le désespoir. C'est ce que nous appelons deux visions du monde différentes.

L'ignorance intergénérationnelle des non-Autochtones

1. Déni

« Pourquoi le Canada m'a-t-il menti ? »
« Pourquoi n'ai-je pas entendu ça à l'école ? »
Mes élèves rougissent toujours devant moi.
Je ne sais jamais quoi en faire.
Comment puis-je réconforter
la progéniture blanche du colonialisme ?
Pourquoi voudrais-je le faire ?
Leur choc et leur colère sont emmitouflés dans
des morceaux de rage en lambeaux
Suspendus à leur corps est la feuille d'érable
de Notre Mécontentement
Certains sont insultés par le fait qu'une vieille
Professeure Inuit soit l'Élue

L'Élue qui a brisé leur bulle de perfection
Un espace protégé d'ignorance perpétuelle
De ne jamais avoir à faire face à la réalité de leur patrie
Leur patrie où, dans leur maison, on leur a dit
Que les nôtres ne sont que des ivrognes et des drogués
Chiant des bébés pour obtenir
plus d'argent de l'aide sociale
Vivant la vie libre et recevant le chèque mensuel
Parce que nous respirons encore
une existence exempte d'impôts
Ils se retrouvent dans ma salle de classe à l'université,
l'air suffisant
Suffisant et brillant
et regardant le bout de leur nez immaculé
Persuadés que cette vieille Inuk
ne pourra pas leur enseigner
Une estie de chose qu'ils ne savent pas déjà

Confiant que mon doctorat m'a été remis
Comme des bonbons le soir d'Halloween
Les Profs de Couleur ne peuvent pas être aussi intelli-
gents que les Profs Blancs.
Les salles sacrées de l'enseignement supérieur
Sont remplis d'universitaires
dans une machine à chewing-gum noir et blanc
La machine dans laquelle les élèves insèrent
Leurs doigts, arrachant les colorés
Parce que ces profs donnent des cours bonbon
Du bonbon confit, enrobé du sang de mes ancêtres inuit
Ceux qui sont morts en étant ballottés comme
Des mâts humains du vrai nord

Forts et libres
Ils entrent dans ma salle de classe en pensant qu'ils savent
tout ce qu'il y a à savoir sur les pensionnats indiens
Jusqu'à ce que deux cent quinze corps d'enfants
sont trouvés en Colombie-Britannique
Des petits qui n'ont jamais pu grandir à la maison
Des petits qui n'ont jamais eu l'occasion de grandir
Des étudiants qui pleurnichent sur un passé
Leur culpabilité blanche exposée
Suis-je censée les serrer dans mes bras et leur dire
Que ça va bien aller ?
Nous pleurons depuis plus de 150 ans
C'est leur tour
C'est leur heure
Pour faire un bilan
Leurs larmes sont trop tardives pour avoir
de l'importance
Un soliloque de silence
Se répand dans tout le Canada,
il n'y a pas de baume en Galaad

2. Colère

Tous les secrets bien cachés de notre pays
Notre pays qui se trouve être le meilleur endroit au monde
Où vivre parce que nous sommes si gentils, si polis
« Veux-tu que je t'arrache la langue ? »
« Battons les petits païens ! »
« Remettez-les à leur place ! »
Paroles dites à de petits enfants
Que l'on a enlevé de leur Anaana et leur Ataata
Les gens qui les aimaient le plus
Pendant des décennies, j'ai entendu dire
que ce n'était pas leur problème
Que cela s'est passé il y a longtemps et qu'aucun
Des membres de leur famille n'a blessé un enfant brun
Mais ils l'ont fait
Ils ont fait du mal à tous les enfants en ne faisant rien
Se tenir debout dans l'unité
d'une Communauté de Canadiens Complices

Interférer ne serait pas la chose chrétienne à faire
Des décennies plus tard, les cris des petits enfants
Sont entendus de six pieds sous terre
Et maintenant, ils se tiennent devant moi
Ils veulent que je prenne dans mes bras leurs remords
Que je tapote leurs mains blanches et leur dise
« Ça va bien aller. »
Ça n'ira jamais bien
Les Blancs font le point sur leurs théories du complot
« C'est juste une autre manière
de nous prendre de l'argent »
Parce que tout ce que nous faisons est d'exposer
des passés douloureux
Pour gonfler nos maigres comptes en banque
Canada – Tu l'avais prévu !
J'en ai tellement marre de vous tous
Tellement fatiguée de votre haine

3. *Négociation*

Les péchés du Père
retombent sur le fils
J.T. fait le ménage après P.E.T.
Le fils avec sa pelle à merde
À la fin d'un siècle
Défilé de la mort et du déni
Les ramasser et les lancer vers
Le Pape, l'Église, N'importe qui
Mais surtout pas vers ses propres archives en arrière-cour
Il a les larmes aux yeux en disant au Canada que
C'est dur d'être catholique
Comme s'il pouvait comprendre

Ce que ma mère a vécu
Comme s'il comprenait
Son angoisse qui flotte dans les pichets de Kelowna Red
Il s'absout en disant
Qu'il a demandé des excuses
La dernière fois qu'il s'est promené au Vatican
Écoutez ce qu'il ne dit pas
Il ne parle pas des archives à Ottawa
Regardez-le pointer de l'autre côté de l'océan
On commence à offrir des dollars
27,1 millions de dollars au total
Voici de l'argent, allez trouver un enfant mort !

Le marchandage, le troc
Les yeux maussades des Canadiens
Qui ont refusé de croire quoi que ce soit
Les représentants du gouvernement qui
disent publiquement qu'ils pensaient faire
le bien, et maintenant, même l'ONU ne supporte
plus de les regarder
Et le meilleur endroit au monde où vivre
est finalement considéré comme un imposteur
Ce qu'il l'a toujours été, enfin

4. Dépression

Des églises en flammes
Empreintes de mains d'enfants rouges
Éclaboussent les maisons de Dieu
Je me demande combien de Blancs
Jettent de la peinture rouge
Sur toutes ces statues vénérées
Nellie, Winston et Frank
Et la tache de leurs péchés
Devient de la chair à canon publique
Je me demande combien de Blancs
Mettent en feu les églises
Et s'inscrivent dans la lignée de Christopher Hitchens

Les cris de « Je ne savais pas !
Que puis-je faire ? Puis-je être votre allié ? »
Les alliés veulent généralement un gain personnel
Ce n'est pas le cas des défenseurs.
Instruisez-vous, lisez tous les livres
Prenez le temps de vous informer
Ne vous asseyez pas dans ma salle de classe universitaire
Avec des larmes coulant sur vos visage
Et en vous attendant à ce que je m'en soucie que vous
vous souciiez
Parce que les alliés et les activistes ne sont généralement
Pas là pour le long terme
Ils sont là pour l'ici et maintenant

Et puis tout revient
À la normal, quel qu'il soit
Nous n'avons jamais voulu que
L'essentiel de la vie
Le nécessaire pour vivre
Les gens qui écoutent nos histoires
Des gens qui croient en nos paroles
Et nos idées Des gens qui se soucient des autres
Pour s'en soucier éternellement, allumer une allumette
n'est pas à la hauteur de la tâche

5. Acceptation

Eh bien, le Canada, nous avons réussi à passer à travers
L'été de Notre Mécontentement
Nous avons réduit la fête du Canada au silence
Au lieu du faste et de la mise en scène
Nous avons eu un moment de réflexion
Et des feux d'artifice que les petits n'ont jamais vus
Nous avons eu droit à tous les nationalistes
Et les loyalistes qui baratinaient que leur
Fête du Canada leur avait été enlevée

Et pourquoi l'histoire devrait-elle être réécrite
Pour accommoder ces Autochtones ?
Ce ne sont pas les Pères fondateurs
De ce pays, qui garde ses mensonges sous
Enveloppes hermétiques de cellophane et dans
des tombes anonymes
Mais souvenons-nous de ces enfants
Souvenons-nous de la manière dont ils nous racontent
leur histoire maintenant
Souvenons-nous que leurs voix
Ont été laissés en sommeil pendant plus de cent ans
Un abîme de latence
Un vide qui est en train d'être comblé
Souvenons-nous de leurs mères et de leurs pères
Qui ont passé leur vie à regarder par la fenêtre
Dans l'espoir de les voir marcher sur le chemin de la
maison

Souvenons-nous de leurs oncles et tantes
Qui souhaitaient les voir revenir
Pour leur apprendre comment être de bonnes per-
sonnes
Souvenons-nous de leurs frères et sœurs
Qui n'ont jamais eu l'occasion de jouer à tague ou
À cache-cache avec eux
Ces enfants nous parlent maintenant
Souvenons-nous de la compassion et de l'attention
Souvenons-nous de l'amour
Qu'ils n'ont jamais pu donner à tous
Ceux qui les aiment encore
Prenons ce temps, Canada
Parce que ces petits
Continueront à parler jusqu'à ce que les milliers de
De petites voix soient entendues

Il est temps que le Canada accepte
C'est la vérité
Il est temps pour le Canada de
Concilier les archives
C'est l'heure pour le Canada
D'entendre les voix
Des petits
Et d'admettre son génocide
C'est l'heure pour le Canada
De dire la vérité
Et
De passer à l'action et peut-être que nous pourrons
tous
« simplement nous en remettre ».

*Note de l'auteur:

Ce poème a été écrit avant la visite papale du pape François en 2022. J'espère que l'on se souvient de sa validation de la souffrance des Autochtones Canadiens causées par les politiques passées et de leurs effets continus, toujours présents, sur les vies des Autochtones, et que ses excuses ont initié une guérison.

Future Nous I-nou-wii

A-t-on le droit de rêver ?
Avons-nous le droit de dépasser les paramètres d'une
réalité pour laquelle le Canada n'a aucun intérêt ?
Avons-nous le droit d'être plus, meilleurs et complets ?

Ne sommes-nous pas tous censés rester figés dans un
passé lointain ?
Le temps où nous nous tenions devant un trou de
respiration de phoque avec un harpon pointant vers les
frémissements de l'eau glacée.
Une période de longue patience et de vies courtes.
Un temps d'autrefois.

Autrefois, les Inuit connaissaient leur place.
Autrefois, les Inuit ne restaient qu'au nord du
soixantième parallèle et pas au sud.
Autrefois, les Inuit ne parlaient jamais à moins qu'il n'y
ait une caméra devant eux.
Autrefois, les Inuit gardaient leur visage à l'écart des
médias à moins qu'ils ne soient morts ou mourants.
Autrefois, les Inuits pouvaient souffrir de la faim et
personne
N'avait à s'en préoccuper.
Autrefois les Inuits avaient l'habitude d'être.

Habitués à être les gens que l'on considérait
comme mignons et câlins.
Habitués à être ces gens qui étaient sauvagement sexy.
Baiser un skimo et le blanc, ce n'est pas bien.
Habitués à être le paillasson des Blancs.
Habitués à être l'endroit où tous les excréments de
La blancheur déposaient leurs restes viscéraux.
Flaques de sperme.
Flaques de morve.

Habitués à être des crachoirs humains.
Habitués à être un numéro de disque et non un nom.
Habitués à être déplacés,
Bédouins du littoral de la baie d'Hudson
Habitués à être des mâts de drapeaux humains.

Habitués à être la plus grande réflexion après
coup du Canada.
Une réflexion après coup de tous les gouvernements
atteints de la maladie d'Alzheimer.
Une réflexion après coup nommée Les Oubliés.

Les oubliés peuvent encore souffrir de la faim en 2022.
Les Oubliés avec vingt-deux personnes entassées dans
Une seule maison. Ne bougez pas ou vous perdez votre
place pour dormir.

Ce même endroit que vous avez marqué
avec votre puanteur.
Les Oubliés sont rendus encore plus oubliables
s'ils osent s'installer au sud du soixantième parallèle.

Les revendications territoriales assuraient une chose ;
La chose appelée :
N'ose même pas.

N'ose même pas essayer de te faire une vie meilleure.
N'ose même pas penser que tes enfants méritent
une chance.

Une chance d'avoir une meilleure éducation.
Une chance d'être quelqu'un. Quelqu'un qui a un diplôme
d'université. Quelqu'un qui pratique le droit, les soins
infirmiers ou l'enseignement en dehors des frontières
invisibles qui nous enferment dans un petit groupe serré
d'un autre temps.

N'ose même pas rêver d'un avenir.
N'ose même pas rêver que tu as quelque part
Où aller quand il n'y a nulle part où aller.
N'ose même pas rêver qu'une fois que tu es dans le sud,
les gens vont te regarder comme l'un d'entre eux. Tu es
un monstre.

Un monstre sur un trottoir de la ville, mendiant sa vie.
Un monstre qui ne peut pas parler sans cet accent, de
toute façon hein.
Un monstre dans les limbes du nord et du sud.
Le sud, c'est le purgatoire.

C'est dans le sud qu'on te demande si tous tes enfants ont
le même père.
C'est dans le Sud que tu ne peux pas appliquer pour des
bourses d'études du Nord.
C'est dans le sud qu'on te demande si tu es espagnol.
C'est dans le Sud que tu n'es pas vraiment Inuit si tu ne
manges pas de viande crue.
C'est dans le sud que le fait de parler inuktitut
te rend réel.
C'est dans le sud qu'on te demande si tu peux parler
cantonais.
C'est dans le sud que tu peux décevoir les gens deux fois
en moins de soixante secondes.

C'est dans le sud que ta tête inuite trône de manière
flagrante sur les graphiques de Statistique Canada.
C'est dans le sud que les graphiques de Statistique
Canada montrent que vous avez terminé le lycée.
C'est dans le sud que les graphiques de Statistique
Canada te feront passer pour un succès.
C'est dans le Sud que tu trouves un emploi parce que
tu es Inuk.
C'est dans le sud que tes diplômes universitaires bien
rangés dans ta poche arrière ne comptent pas.
C'est dans le sud que tu te fais embaucher parce qu'un
patron doit combler son quota d'Autochtones.

C'est dans le Sud qu'on t'utilise pour avoir des contacts
dans ta communauté.
C'est dans le sud que les Blancs récoltent ton savoir
inhérent.
C'est dans le Sud qu'a lieu l'exploitation de qui et de ce
que tu es.
C'est dans le Sud que les Inuit du Nord vous regardent
de haut avec leur petit nez.
C'est dans le sud que vous n'êtes ni chez vous
ni à l'étranger
C'est dans le sud que l'on devient un Inuk
non-Nunangat

Un nouveau titre.
Un nouveau vous.
Un nouveau quelqu'un d'autre.

Si nous pouvions vivre dans un monde sans frontières
Nous ne serions pas différents les uns des autres
Et si, à l'avenir, nous n'étions pas des points cardinaux
Que se passerait-il si le pôle nord se dé-magnétisait

Permettant à tous les Inuits de dés-intoxiquer
Leurs pensées
De manière dé-libérée
Dé-cidant de
Se dé-vouer
L'un à l'autre

Et si les Inuit arrêtaient de laisser des lignes invisibles
Nous di-viser
Des lignes que nous ne pouvons ni voir, ni toucher, ni
sentir.

Et si Futurs Nous I-Nou-wii nous nous rencontrions,
Et si Futurs Nous I-nou-wii étions un peuple sans gravité

Plongeant nez en premier dans l'amour l'un de l'autre
Se tordant, virevoltant et se contractant
Nous inondant de l'extase de soins angéliques
Envers chacun d'entre nous

Et si l'Inuit Nunangat, notre terre natale, était ici
Et partout ?

Et si Futurs Nous I-nou-wii nous nous reconnaissions
En tant que Famille du Peuple
Peu importe où nous nous trouvons
Nous ne sommes pas les vestiges d'un passé lointain

Nous sommes là
Nous sommes maintenant
Nous sommes les ombres l'un de l'autre
Enveloppés dans le cocon de la main du Créateur

Un cocon tissé avec la tendresse de nos futurs nous.

Nous, les I-Nou-Wii, avons la nourriture qui font
éclater leur ventre
Futurs Nous I-nou-wii, avons des maisons
avec des chambres à coucher pour tout le monde
Futurs Nous I-nou-wii avons des diplômes et des grades
Qui pendent sur leurs murs
Futurs Nous I-nou-wii ne courtisons pas la différence

Futurs Nous I-nou-wii
Aujourd'hui n'est-il pas demain
Futurs Nous I-nou-wii
Nous sommes le nous que nous sommes censés être
Nous, les Inuit, tenons-nous la main
Faisons un saut ensemble
Dans nos futurs Nous I-nou-wii

J'ai écrit ce texte en raison de l'amour, la haine, la décep-
tion et la fierté que j'éprouve à l'égard des Inuit. J'ai écrit ce
texte à cause du racisme dont j'ai fait l'expérience en tant
qu'universitaire inuit vivant dans le Sud. J'ai écrit ceci
parce que je sais ce que c'est que d'avoir des gouverne-
ments qui ignorent la faim. Ignorent les logements sur-
peuplés. Ignorent la tuberculose, une maladie absente
des régions du Sud du Canada, mais endémique dans
le nord. Ignorent les enfants inuit qui ne terminent pas
leurs études secondaires. Nous sommes définitivement
la plus grande réflexion après coup.

J'ai écrit ce texte en raison du rejet que je ressens de la
part des miens. La violence latérale s'insinue dans notre
conscience inuit et reste là, attendant de se jeter sur
l'autre. Je déteste le fait que nous adhérions aux mesures
et marqueurs coloniaux. Nos ancêtres n'ont jamais fait
cela. Nos ancêtres ont accueilli tout le monde et ont
donné de l'amour comme premier ingrédient à chacun
d'entre nous. Nous l'avons oublié.

Quand j'ai écrit le mot « In-U-Wee », je pensais à la fréquence à laquelle le mot « Inuit » sort de la bouche des non-Inuit ; sous forme de « In-You-It » ou « In-O-Wheat » et un assortiment d'autres sons de basse-cour. Notre propre absence en tant que peuple au Canada n'est jamais articulée correctement. Comme je continue à écrire « In-U-Wee » c'est devenu un mot amusant et d'espoir et je pouvais entendre ce 'Wee' résonner à l'intérieur de ma tête.

J'ai pensé à l'époque où mes fils étaient petits et que je leur attrapaient les poignets, les balançais en l'air et disais : « Wee Wee Wee ». Ils riaient alors que leurs corps formaient des vagues qui éclaboussaient dans l'air. Prononcer le mot 'In-U-Wee' donnaient l'impression d'être sur des montagnes russes et le plaisir, l'excitation et les potentialités positives inconnues des générations de futurs Inuit. Future Joie. Future succès. Futur nous. Notre avenir, c'est maintenant, pas demain. Notre avenir est ici. Notre avenir se trouve dans notre prochain souffle.

Glossaire

Attaatasiaq – Grand-père

Aanniavik – Hôpital

Irngutag – Petit-fils, petite-fille

Ujamik – Collier

Table des Matières

BIOGRAPHIE DE LA TRADUCTRICE

Hatouma Sako a grandi dans une famille plurilingue qui faisait coexister joyeusement culture de l'oralité et culture du livre sans rapport de forces. Elle en a hérité une passion pour l'apprentissage des langues, la poésie, la littérature, les pratiques performancielles, et la certitude que les langues constituent la plus grande richesse humaine. L'expérience de la traduction et la pratique de l'anthropologie lente lui permettent d'explorer et de cultiver sa sensibilité pour les entredeux et les entreplusieurs. Elle a enseigné la littérature française à l'Université Paris Diderot de 2007 à 2012, la transcription phonétique à l'Inalco (Paris) et a été auxiliaire d'enseignement en ethnolinguistique ainsi que coordonnatrice de recherche à l'Université de Montréal. Chercheuse au Centre d'études sur l'autonomie économique des Premiers Peuples et des Inuit de l'ESG-UQAM, elle vit à Montréal où elle travaille sur des projets qui lui tiennent à coeur.